Loreto Belén Rehbein Leichtle

La vida sigue y con ello vive la poesía

Loreto Belén Rehbein Leichtle

La vida sigue y con ello vive la poesía

Cuando el alma habla, un lápiz y una hoja son sus mejores testigos

JustFiction Edition

Imprint
Any brand names and product names mentioned in this book are subject to trademark, brand or patent protection and are trademarks or registered trademarks of their respective holders. The use of brand names, product names, common names, trade names, product descriptions etc. even without a particular marking in this work is in no way to be construed to mean that such names may be regarded as unrestricted in respect of trademark and brand protection legislation and could thus be used by anyone.

Cover image: www.ingimage.com

Publisher:
JustFiction! Edition
is a trademark of
Dodo Books Indian Ocean Ltd., member of the OmniScriptum S.R.L Publishing group
str. A.Russo 15, of. 61, Chisinau-2068, Republic of Moldova Europe
Printed at: see last page
ISBN: 978-620-3-57616-0

La vida sigue y con ello vive la poesía

Cuando el alma habla, un lápiz y una hoja son sus mejores testigos

Loreto Belén Rehbein Leichtle

Son versos, reflejo de los años.
Son melodías, para alegrar la vida. Construir un mundo mejor.
Dedicado con mucho cariño al mundo entero.

Noches

Las noches son la pureza del alma,
de la mano, una fogata en el corazón,
escucho esas letras, que me hacen
recordar lo mágico que es amar.
En el silencio bajo las gotas de lluvia,
una silueta hacen el reflejo de tu recuerdo.
Mi piel tiene tatuada la libertad,
pero también carga con las cadenas
que atan, algunos sentimientos
ambiguos del momento.

Lugar

Llegó una mariposa con una señal del lugar soñado.
Salía tu nombre como respuesta
A aquella pregunta que solía
Posarse en el recóndito lugar del alma.

Primavera de mar

Son las primaveras de la vida,
el renacer del alma.
Escuchando las melodías del mar.
Sueño con tus abrazos de luna,
aspiro la fragancia de amor
y contemplo la brisa que atrae
lo bonito del vivir.

Pasado

Dejó las cenizas que el fuego consumió,
Hundidas en el fondo de un corazón herido.
En donde las desilusiones van apagando la confianza
y la cercanía de un alma adolorida,
por las lágrimas que rondan y toman cauce
del porvenir, del río que tantas aguas cruzan y
que en tempestad arrasan contra viento y marea.
Los delicados arroyos de la mágica cascada,
que es llegar a mí.
Donde el arcoíris brilla sin parar y la melodía de la vida
se escucha, después de tantos murmullos desenfrenados
por el tránsito de emociones que dañan, matan y estrangulan
el respirar sereno de la noche.

Un regalo

Te regalo mi compañía,
Pero no mi libertad.
Te puedo escuchar las veces que tú quieras,
Pero no me busques cuando me hayas olvidado.
Llámame las veces que tú quieras, pero no me dejes
el teléfono colgado
cuando yo te dé un consejo.

Debe ir

El camino que elijas,
debe ir conectado,
con tu corazón.
Una sonrisa
bálsamo de tu paz
y tu amor el reflejo de nobleza.

Tiempo atrás

Recordando años, donde la alegría
y las sonrisas abundaban.
Los rencores, no existían
Y los corazones eran ingenuos.

Todo cambia

Las apariencias engañan
la belleza es temporal
y los besos son arrancados
por el tiempo.

Una balada

Le canto al corazón la balada de amor
de tus brazos y tu canto.
Tu dulce cariño.
Tu despertar y tu risa la almohada perfecta
para soñar entre rimas y versos el poema del alma.
Yo le canto a la vida.
El perfume entre mis manos y tus palabras en mis oídos.
El mar de los sueños perfectos,
sin miedos tomados de la mano amor mío.
Persiguiendo nuestros sueños y alcanzándolos con la mirada.
Majestuosa cima de colores que alegran nuestros caminos.

Arte y creación

Ayer nacieron las palabras del fondo de un corazón.
Son arte, pulidas en el tiempo sin frenesí.
Son hojas que habitan la rama de un árbol y se van con el viento algunas
viejas sin sentimiento.
Son aire que se respiran como la fragancia
de un nuevo cielo en busca de horizontes nuevos y brisa lejana al dolor que
siempre ata al pasado de estribor.

Es

Es el silencio el que guarda lo bonito
y el alba lo luce con brillo y ternura.
Es la fortuna más valiosa, la que guarda el corazón,
lo simple del vivir.
La risa y la compañía predilecta.
Es la rima y el verso el que alegran el respirar,
es la amistad, el compañerismo y la paz.

Al ayer volvería

Volvería a lo pequeño del ser.
A la mirada de algunos que ya han partido.
A los brazos de cariño de ciertas personitas.
A escuchar tantas voces dulces y melodías que desaparecían las angustias y
dejaban volar la imaginación sana y feliz.
Recuerdo luego que el tiempo pasa deprisa que otras miradas deben posarse en
nuestras vidas. Que otros abrazos nos esperan y sueños por cumplir.
Pienso a lo lejos que ya fue tiempo.
Si fue valorado, si fue olvidado, quedó en cada corazón aquella respuesta.
Lamentaciones viven y vivirán.
Nacimos sin saber nada.
Nos iremos de tal forma a la vida. Al polvo quizás.
Desesperación al ver volar las hojas de un calendario.
Contar las veces que ya no volverán.
Palabras llegan. Voces se van apagando lentamente... el caminar.

Mujer

Eran las marcas del fuego
que transcurrieron con los años la dicha de verte crecer.
Mujer valiente. Empoderada. Guerrera y leona de su fragancia.
Sentido común que hace abrir alas.
Soñar respirando aprendizaje y amor propio.
Fueron tus ataduras las que me enseñaron a mirar al horizonte.
Segura... confiada... y dispuesta a todo...
Con tal de subir escalones hasta llegar con humildad a la cima de los sueños
que habitan mi mundo interior y brillan entre el alba y el anochecer de mi
perfume de miel.
Capaz de teletransportarse al mágico rincón de vivir libre y natural.
Fueron las palabras las esclavas de oídos
ajenos los que me hicieron abrir la mente a parar frente a la multitud y
demostrar que cada ser es único y especial.
Al habitar este mundo hoy, mañana y siempre,
con la fuerza latente de siempre llevar en el corazón
la inocencia de niños y la sabiduría
de la vejez amiga de la vida errante.

Aprendizaje

Aprendí que el después no es la clave de la solución correcta.
Que la lluvia cae y se escurridiza colina abajo y no vuelve.
Así tan natural y frágil es la vida
Hoy no volverá, mañana tampoco.
El ayer solo en fotografías quedó.
Baúl de los recuerdos, grabados en el alma mía.

La vida avanza

Una marca en el tiempo.
Una cicatriz con los años.
La señal de recuerdo.
Los segundos pasan y vuelan como pajarillos en busca de cielos nuevos.
De horizontes sin final.
Era aquella tarde el miedo a desaparecer.
El nunca más escuchar tu voz.
Y el desesperado grito de olvido que tus labios pronunciaban al decirte cuanto te amaba.
Hoy recordándote en el fin del mundo.
En el silencioso bosque nevado de un corazón, abrigado por la neblina y el cántico del invierno.
Aquella mañana tan lejana de infancia.
Reflexiono... medito y pienso...
Que grande fue crecer y entenderte que nada es para siempre.

Le pedí

Al viento le pedí palabras
Y me las cobijo en mi regazo.
Las bañó en la sabiduría y las cubrió el manto aquel.
Que atesora la dulzura del corazón.
La paz del alma y la tranquilidad del existir propio.

Mi Amor

Fuiste mi antídoto,
a la vena que curaba heridas sin cicatrizar.
Fuiste vitamina que el cuerpo consumía sin devorar la calma del vivir.
Eras la esencia de soñador.
Altruista y observador del sitio olvidado.
De las ruinas fuiste el constructor
y el artesano de tus propias obras de amor.
Cauteloso con nitidez.
Curioso pajarillo de una sola melodía.

Hablé

Yo le hable al silencio
y respuesta no dio.
Le pregunté a la duda
y respuesta clara no fue.
Me senté frente al mar
y vi la simpleza del respirar
y la complicidad de la arena.
Cruzando otros suelos con nuevas huellas de la vida.
Sentí la brisa tocar mi pelo al viento.
Unas manos dulces y un aroma a miel.
Era tu perfume de ser.
La gota perfecta.
La medicina soñada.
La cura sin dudar.

Los besos

Tus besos fueron
el sabor de mis días de reencuentro.
Fue el toque de ternura,
que hacían falta para enloquecer
de amor, bajo tus brazos
de eterno refugio soñado.

Amarte

Mi trampa fue amarte.
Mi red el olvido de mi yo y el retenerte,
el precio del que jamás se pide rescate.
Sombra de ti vive en mi rostro de Marte y
Venus la galaxia fluorescente de mi frágil vitrina de cartón que vive en la
plenitud del no existir en la pronta vida
que rema hacia las profundidades del asentamiento humano.
Humor de los años del carbón y la blanca nieve de la cordillera nevada ante
los interminables bosques de aquel lugar.
Donde reinaba tu casa y tu fuego quemaba las entrañas del ser.
Horrible mirada de ladrón de besos al aire y esperanza de volver al mismo
rincón de cada mañana de invierno cruel de tu alma fría.

¿Cómo sería?

¿Cómo sería soñar con los ojos abiertos?
Despertar al sol y reír bajo aquellas estrellas
de vida nocturna.
En la magia envolverse, sentir la brisa
y gritar las culpas para enterrarlas en la arena del mar,
junto al oleaje limpiar el corazón y sanar
aquella herida de espina, apuñaló tan fuerte el pensamiento.

Reloj de amor

Cinco minutos de amor,
Cuatro de silencios
y en los tres las miradas dulces.
Ya quedan solo dos
y la luz lentamente se va apagando porque en un minuto todo acaba.
La ley es simple y fugaz.
Rápida en respirar y en cámara lenta el adiós se aproxima.
Se propaga en la profundidad del espacio y las estrellas ahí van.
Retornando al inicio como reloj de arena en tu cuarto.
Olvidadizo recuerdo de luna antes de brillar en el relámpago reflejo del mar.

Huellas

Las huellas se han ido esparciendo,
por las laderas de tu corazón
y tú marca una señal,
de recuerdo, dulce sentir.
Dueño de la luz y el vivir.

Mi lugar de paz

Mi rincón soñado.
Mi verde y mi cielo me acompañan en las praderas del sentimiento más indescriptible del ser que ronda mi alma.
Entre las miradas de las aves y el canto del zorzal amigo de la melodía del dulce amanecer. Mi sombrero de paja al viento y al sol brilla la sonrisa al verme ahí feliz danzando a la vida tu reflejo entre mi palabra y la tuya.
Sereno has llegado a mi corazón y deprisa los sueños nacen en el alba del inicio acontecimiento del respirar que tanta vida da.

Mi querido Mar

Oleaje de mar sin sirenas revoloteando la esencia de aquella brisa marina.
Flota amiga del sur y la magia del sentimiento, fragancia de sal y vida.
Las playas de arena de sur a norte.
Amándote en silencio, pasajero de la ruta sin horizonte cercano ni rima segura.
Lucero de aquellos puertos tan irresistibles de la marina mía.
Aquel que decía adiós desde el barco aquel, marinero de otro puerto marchó a la vela del viento submarino del océano azul.
Costa del mundo y sin lágrimas de ballena en el corazón.

Camionero

Corazón al volante.
Sangre que recorre tantos caminos
y huellas hacen florecer el alba.
Y madrugando van cruzando destinos.
No existe horario para verles la sonrisa en el rostro y la pasión reflejándose en su corazón.
Su día a día el esfuerzo
desbordante, el cansancio en los años
y en la mente la ruta.
Ojos madrugadores,
que brillan en el porvenir.
La siembra del bien.
Amigos de los fierros, leales a ellos.
Compañeros de noches.
Guardando sueños y tantos silencios
en la soledad de un buen viaje.
El retorno es la añoranza,
la calma es la virtud.
La espera parte del plan
y los días los testigos de la vida.

Nacen y florecen

Al despertar nacen y florecen los sueños del alma.
Las alegrías se posan en las melodías del alba
y la vida solo avanza.
Aquí estamos un nuevo día se avecina.
Un sinfín de cosas nuevas llegarán.
Otras tomarán la marcha y se irán.
Así al nacer nos sorprendemos
con la grandeza que nos rodea.
Un día el adiós llegará
y nuestro legado quedará.

Los Pero y los Por que

A la vida le colocamos los Pero
y a nuestras preguntas el Por qué,
provocando el cierre de nuevos horizontes.
Sin señal respiramos y perdiendo el norte, no encontramos brújula.
A los amores buscamos las mil maldades
para romper la confianza y perdón ni olvido a las cosas pequeñas.
Nos enfrascamos en las absurdas explicaciones
sin noción de comprender los actos.
Indagamos tanto que solo provocamos el caos existencial
y la amargura en nuestro pecho.
Sentimos falta de oxígeno si nos ahogamos
en la desdicha y la locura colectiva.
Errante estación que sin puñal no logramos huir.

Mi sueño

Volar como las aves.
Cielos azules de brisa venidera.
Sueños alcanzar alas listas para soltar.
Respirar y vivir.
La vida es tan solo un minuto.
Disfrútala...
Deja las cadenas que tanto atan y navega tu vuelo como tu mejor canción.

Alerta a lo desigual

La manada es desigual.
La alerta es la señal,
unidos sí, pero jamás cruzados entre sí.
Es la sabia naturaleza la señal del crecer.
Esencia de la vida y el saber.
La lluvia acompaña la dicha de vivir y
los cántaros del alba la canción soñada del renacer.
Agua de ríos. Bendita eres entre el sabor y la energía que irradias con amor.
Entre las siembras navegas
como tierra protectora haces surgir del rincón la magia creación que un día
dio luz y floreció con la fortuna de unos ojos ver.
Amándote a diario voy recorriendo mi tierra linda.
Mi valle del mar, mi luz y mi pasión.
Unidos de la mano el amanecer brilla con la luz de la luna se avecina el
atardecer.
Dulce respirar frente al oleaje del mar, olas de mares que hacen sumergir en
la profundidad del ser que tanto analiza la vida misma.

Muchas veces tarde nos damos cuenta

Tan ciegos somos.
Sentimos tanto y nada a la vez.
Que las palabras solo tienen melodía en el adiós.
No basta pronunciar alguna en el momento que todos hablan, tan solo en el silencio ya se escuchan entre el alma y el corazón.
El murmullo canta y habla solo.
Se hunde en la esencia del buen dormir sin encontrar la calma que tanto suplica al nuevo atardecer.

De frente

Dime a la cara tus sentimientos
pero no te quejes de mi distancia.
Si me buscas me encuentras
y sin reclamos no te
quejes del tiempo pasado.

Sereno y silencioso

Amor sereno.
Amor silencioso
es el recuerdo del alba,
de la lluvia del invierno.
Del frío de la distancia,
amor de los sueños.
De las metas claras.
Amores del pasado, del presente
y del futuro.

Son palabras

Son las sombras las que omiten la luz.
y son los rayos del sol,
que navegan mares hasta llegar a ti.
Son las palabras, las amigas del alma
y las acciones la práctica del amor.
Eres tú el reflejo de ti.
Eres magia de tu esencia.
La sonrisa de la vida
y la alegría de la melodía.

Primavera

Que rico sentir la primavera.
Los colores,
el amor y la vida.
El respirar de la naturaleza
y el canto de la alegría,
rondar los encantos
de las flores del jardín.

Creo

Creo en las murallas que se crean a la distancia, los besos callados víctimas del tiempo y de los sentimientos ocultos por falta de seguridad.
Creo en el amor a primera vista y en la amistad soñadora de lazos fuertes y duraderos.
Creo en la vida misma, en las oportunidades y en el destino puro y cristalino, que no falla ni retrocede.
Creo en el camino que de lecciones sabe mucho y en los sueños de la niñez maestros para nuestro futuro.
Creo en las mariposas volar y en el canto del zorzal, apasionada melodía del corazón.
Creo en el olvido, enemigo de la palabra.
Y creo en el otoño, víctima del sol.
Creo en tus manos maestras de la vida, que unen caminos y desatan vínculos perdidos en el amor.
Creo en ti, por la forma de expresar tu personalidad y por tus actos tan válidos como lo de los demás.
Creo en la alegría y también en el dolor, porque la vida
cambia, avanza y continúa.
Creo en la magia de los labios y en los abrazos de amor. Pero también creo en los desamores, en los ex de la vida y en los cambios del planeta.

Mi vida, mis pasos

Recorro campos y laderas con la frente en alto. Con los escudos de la crianza, los valores distinguidos por la vida.
Camino montañas y desiertos con la fe de encontrar en ellas las herramientas para cultivar la esperanza y la vida.
Navego océanos y mares con la vitalidad del viento que arrasa con lo negativo y regala direcciones nuevas.
Rumbos de aberturas positivas.
Vuelo a la cima de mis metas y me detengo a observar los escalones que, con dificultad, supe aceptar.
Y vivo mi presente como si el mañana jamás tocará mi puerta, porque la vida es hoy, los recuerdos quedan, pero la memoria también falla.

Nudo en la garganta

Tengo un nudo en la garganta al extrañarte.
Un nudo con sabor a tus besos de caramelo.
Con el olor a tu perfume y con las letras de tu canción.
Vuelvo al lugar del inicio, la sensación de volar cerca tuyo,
la señal de olvidar me duele. Me causa daño y dolor.

Un amor final

Te llegué a amar de la manera más insoluta me dejaste ir.
Mi beso pegado en los labios de abrigo
otoñal me insta a un último suspiro.
Te llegué a amar de la manera más inusual.
Te extraño cada día más.

Un solo segundo

Porque la vida es tan solo un segundo
y los caminos tienen su rumbo.
Hoy parto con nuevas direcciones a campo abierto,
luchando por los ideales, metas claras que se bañan
algunas veces en tu recuerdo.
Extrañando el misterio que sorprende la vida amando,
regalando sus gestos
y admirando como avanzas, cerca, tan lejos de mí.

Tiempo aquel

Fuiste el refugio inesperado
en la época equivocada.
Mis alas se han roto y el fuego de tus brazos
queman alejando de ti mis manos
envueltas en el invierno de la estación.

Probabilidad

Lo más probable es que en
ningún lugar de tu mente
esta mi nombre, ni mi sitio
en tu dormir.
Lo más probable es que vuelas
con rumbo soñado
pero en ningún cielo está mí
perfume de miel.

Decidiste

La tarde que decidiste,
escribir fue la víspera de la noche
de luna.
Atardecer de luz
y oportunidad de vivir.

Para Él

No va para ti,
Va para él.
Va para aquel que la mirada,
se ganó al escuchar mi voz.
Va para quien sus palabras
dedica y con cariño escribió
lo que sus sentimientos hablaban.
Para la mirada de alegría al verme
y el de los abrazos más grandes
que ganaron mis brazos.

Conocer

Conocí tu nombre,
tu lugar y tu canción.
En otro vuelo has partido
y lejos de mi rutina
se ve tu luz, tu huella y recuerdo.
Amigo, la palabra que aleja del corazón
la ira y el olvido.

Soldado para batallas

El soldado que nació para batallas.
En la lucha inalcanzable de su misión maestra de la vida.
La paz y el combate guerrero,
que nada sabes de correr tras los disparos del cañón.
Soñador de las cimas del alma y de los golpes marcados del tiempo,
agrietados en el corazón de lucha.

Libertad es mi nombre

Llámame libertad desde hoy en adelante ese es mi nuevo nombre.
Invítame a bailar que ese es mi nuevo gran sueño.
Llévame a la plenitud del existir, que ya no conozco la esclavitud.
Deja que mi pelo vuele al viento como la paz arrojada al corazón es el antídoto de mí ser.
Llámame en el momento justo, ya que miles de llamadas debo contestar.
Es al llamado de la empatía, una nueva puerta que abrir.
Es la amistad, aquella figura tan inigualable y poco modificable que el carácter de un sol que llevas dentro.
Debo seguir esos pasos que mi corazón pintaba en la pureza de la niñez.
Debo resurgir de las cenizas que alguna vez nublaron mi cielo tan luminoso y hoy deslumbra ante la belleza del océano tan pulcro, de ese oleaje tan fino y detallista que hace sonido al andar.

Solo quiero

Solo quiero
dejar plasmados mis versos
Y cantar libertad con la rima de la vida.
Bailar al son de la melodía,
bajo tus brazos caer rendida a los sueños
del mañana y revivir una vez más el presente.

Una noche para recordar

Una noche para recordar la brisa
del tiempo, la mancha en el corazón.
Recordar tu fragancia y tu mirada
de inocencia, engaño de la vida,
ante la ingenuidad de los años.
Un café, una melodía romántica,
bajo la luna, recuerdos de estrellas, nombres
y sueños florecen como flores en primavera
estación tan pura, tan lejana del frío
del olvido y engaño.
Con los colores, fragancias
y recuerdos nace la estación, fluorescente del alma
joven, bañada en un poco de sabiduría
aprendizaje en abundancia y sueños locos de una viajera
amante del barco de praderas verdes rodeado
de amor salvaje y sonidos del alma sincera.
Tonalidades surtidas
y nuevas oportunidades
en vista de un nuevo amanecer.

Siempre

Siempre en mi mente,
siempre en mi recuerdo.
Gracias a la canción que me inspira
ante el extrañar de tus caricias, de tus besos avasalladores.
De tus risas inconmensurables. Ante la luz de tu mirada.

Eras

Eras el camino de la esperanza pura,
la fuerza que alineaba mi existir.
Eras la pureza hecha imperfección.
Eras los rayos del sol, iluminando mi camino al porvenir.
Eras la duda y la ilusión. La belleza y la contemplación.
Eras verso y canción. Melodía y poesía. Eras la magia de mis días.
Eras la angustia sin presencia. Eras la duda y la desdicha.
Eras tormenta y relámpago. Sol y arcoíris.
Eras la debilidad y la fragilidad del segundo. Eras aquel irresistible que robaba las mil miradas.
Eras el ladrón de mis desvelos y el mago de mis fantasías.
Eras el soñado, el esperado sin retorno. El soñador. El amante de las diez mil historias y el desconocido más destacado del salón.
Eras espina, de la rosa que adornaba el jardín de tu corazón, eras la huella que el camino coloco para aprender. La piedra de los mil tropiezos y la ilusión más desbordante de la existencia.

Sonrisa

Sonríe que el mundo necesita verlo
Sonríe porque las lágrimas deben ser evaporadas.

Te recuerdo

Caminando por donde tus pasos guiaron el camino de tu porvenir.
Te recuerdo con el cariño más puro y con la esperanza de volver a encontrarnos en la alegría del presente.

Equipaje

Tu equipaje, es tan solo tu nombre y tu alma reflejada en la maleta de antaño,
aquella que guarda las fotografías de tu pasado,
de aquel que tanto amor guardas entre cada carta
que solías escribir en tus solitarias noches de luna llena.
Cada mes enviabas al correo un centenar de postales con las iniciales
marcadas a fuego, favoritas letras del abecedario
que tanto solía escribir esa antigua pluma azulina
de tu corazón manchado de olvidos y preguntas vanas.
Respuestas chacales de una historia sin comienzo y arrepentimientos a flor de
piel, fallo total de un amor, que solo tú creías existir.

Marcas en el aire

Besos en el aire,
abrazos sin dar.
Melodías que me hacen
recuerdo del ayer.
Pasos marcados,
por alguien,
que en el vuelo, debe andar.
En el sueño, de la libertad
debe vivir.
Canciones de amor,
me recuerdan lo que alguna vez
se sintió, pero jamás
tuvo nombre.

Ojitos

Hay unos ojitos mirando,
en las cimas del bosque,
gritando a voces la soñada inicial
de tu innombrable nombre.

Gotas de lluvia

Al caer las gotas de lluvia
brotan recíprocamente las lágrimas de mi
corazón.
Al ser escuchadas por mis oídos, la melodía que tocó
en algún momento tu silueta.
A veces tan asequible, a veces tan escurridiza.
Tu rostro, mar de oleajes fuertes, de mareas sin vaivenes y
brisa pasajera. Amores de un solo minuto.
Reflejados en el farol
de aquella bahía tan escondida en el fondo de la isla.

La cita

La verdadera cita es,
en la cual el corazón
encuentra su melodía predilecta.
Su complemento y su ritmo.

Tú sabes

Solo tú sabes lo que hoy siento, en las tinieblas del frío,
en el olvido de la etapa más esperada.
En los besos sin respuestas y en las melodías más caóticas
te sitúas en el lugar no correspondido.

Yo vivo

Camino lento, camino a paso agigantado.
Pienso a lo loco. Pienso a lo sabio.
Escribo versos. Escribo tu biografía.
Canto al son de la música, canto sin verso alguno.
Vivo como no debería vivir. Vivo como sueño que es la vida.
Hablo con argumentos. Hablo sin querer.
Medito cuantas horas frente a la ventana.
Medito y me aburro del surtido de palabras y acciones que no ocurren y que si podrían ocurrir.
Espero frente a la plaza reunirnos y charlar.
Espero frente a la plaza, pienso y luego digo;
Mi soledad a veces es más fiel que mis falsos amigos.

Sin vuelta

Sin mirar atrás, sin lastimarse por el no haberlo hecho.
Caminar es el futuro de nuestra vida.
Sin detenerse, el tiempo arrasa con los segundos.
Regala oportunidades y deja otras en el olvido, pasos que los minutos se encargan de dejar.

Aun sabiendo

Mira la vida con ojos de colores y alegría,
aun sabiendo que existe el negro y el gris.
Escucha la vida con melodías agradables,
aun sabiendo que hay melodías tristes.
Camina por la vida dejando semillas
y huellas aun sabiendo que cuesta porque hay caminos difíciles.
Respira aire positivo aun sabiendo que hay aire negativo.

Si el destino

Si el destino nos tiene un encuentro
que alegría seria tomarte de mi mano
y ser feliz.
Si no es así solo me queda darle las gracias
por lo corto pero emotivo encuentro de miradas
cruzadas y sonrisas a flor de piel.

En el corazón

A la orilla de tu corazón,
dejo la poesía favorita
esa que leías y repetías,
como la corriente de un río.
Un río seco, sin alma ni vida.
Entre olas y brisa,
recuerdo tu aroma.
Aquel perfume que usabas
en cada amanecer.
Mi pelo al viento,
tus manos en mis cinturas,
tus labios pronunciando
melodías en mis oídos.
Mi canción preferida.
Tu nombre, marcado en mi corazón.

Fuiste

Fuiste la llama, que hizo hoguera,
acordeón que deshizo parejas
al bailar.
Fuiste la gota que llenó el vaso
de licor, al olvido de tantas promesas.
Hiciste todo y nada, al creer las palabras
que un día te recitaron.
Fuiste dueño de la canción, dedicada
al corazón, ladrón de los sueños
antes de dormir.
Soñador de las rimas,
melodías veraniegas frente a la luna.
Caminante de arena, solo sabes
guardar sendero de Paz.

Aparecen y Desaparecen

Muchos caminos.
Muchos atajos.
Muchas huellas.
Van apareciendo, van desapareciendo, en el andar de la vida.
Palabras, dichas, fueron olvidadas.
Consejos del ayer, presentes en el hoy.
Miradas tristes, melancólicas.
Miran como la vida pasa, los sueños se cumplen y otros se deterioran con el viento de la tormenta.

Te amo

El placer de acurrucarme en tus brazos.
Tus manos acariciándome las mías.
Tus palabras, melodías sin fin
Día y noche, tus sonrisas contagiosas.
Tu mirada amigable,
tu esencia, viva.

Son minutos convertidas en horas

Los años no han pasado sobre tu rostro
y tu caminar lento, van al rin del tiempo.
Tus pasos, viven, en los caminos ocultos,
donde las huellas son borradas,
por el pasar de miles de personas,
que el tiempo deprisa, los lleva a sus rutinas.
Donde el andar, provoca tristezas y las alegrías, quedan en el ayer.

Rutina

La rutina, colapsa, las personas, se cansan.
El reloj nuestro compañero, que muchas veces, quisiéramos detener.
Ya sea para recordar años de antaño o tan solo para disfrutar un poco más la vida, mi hoy.
Mi casa se ve lejana, madrugando por la vida,
en busca del horizonte, busco mi norte.
Y me alisto para comenzar una nueva aventura.
Aventura color de rosa.
Aventuras de espinas.
Aventuras, el porvenir llegará o lo buscaré.
Todo siempre en manos de Dios, primero y luego tomo mi tranco y vuelvo a soñar.
Con un mundo nuevo. Un sueño bello. Un lápiz y un cuaderno, retratando mis anécdotas y mis aprendizajes.

La carretera de la vida

En el taco de la vida.
Se congelan las emociones.
Los ruidos alteran las dudas
y el nerviosismo nos conducen al error.
Tus palabras colapsan en la línea del amor.
La autopista está llena de emociones que no puedo parar.
Si decido detenerme, un paso en falso indicarían un fallo en mi ruta.

Esos ojitos

Donde estarán esos ojitos tan brillosos que enternecen hasta el alma más fría,
cuantas canciones habremos escrito en cada verso.
Un beso de despedida. Cuantos abrazos fueron olvidados por el tiempo que
adornaba el reloj de tu cuarto.
Amor y miedo, abundaban tu corazón, las dudas hicieron de las suyas,
impidiendo ver la realidad de una historia, que sin saber si era real, se creía
normal, ante los ojos de un ser que aprendió de ti.
Aunque te vayas el amor jamás se irá.
Quizás te espere entre cada sueño, tu nombre quedará en cada melodía, de mi
corazón.
Decirte adiós de mis labios lo más probable
es que si pueda ser pronunciado, pero del corazón el adiós no existe, jamás.
En mi alma quedaste, aunque te quieras ir
jamás podrás, no por ser egoísta,
simplemente flechaste de la mejor manera.

Soy Mujer

Soy mujer. Desde mucho antes de ser Hija, hermana, sobrina, nieta, prima,
amiga, polola.
Soy mujer desde el día uno. Desde el día en que mi alocado cabello se cansó
del peine.
Desde la primera vez que alcé mi voz, frente a la multitud y luché por mis
ideales.
Soy mujer, que sabe de batallas pérdidas, pero también de victorias ganadas.
Soy persona que sabe de errores y que intenta a diario corregirlos.
Soy mujer, desde que la humanidad se destruye en la desigualdad.
Soy mujer, que vive, siente y actúa. Amante de la libertad, de soñar y de
disfrutar los pequeños detalles de la vida.
Soy mujer, que respeto y coloco límites.
Soy mujer, arriesgada, jugada y guerrera. No me canso tan fácil. Me gusta lo
difícil. Me gusta ser yo.
Con mis defectos y mis virtudes. Con mi carácter extraño a veces, difícil otras
veces, pero es la esencia de ser mujer.

Mi papá

Mi príncipe azul, no tiene corona de oro ni capa de honor.
Pero lleva grabado los valores y el esfuerzo de años.
La superación y la fortaleza del trabajo y la sonrisa más bella,
con la que ilumina y aclara mis dudas.
Su capa protege y sus palabras conducen a la meta.
Mi Papá.

Libérate

Libérate....
De las ataduras, de la gran ciudad.
De los falsos amores que encadenan a nuestro corazón.
De las amarguras envueltas en engaños.
Y de los amargos disgustos que la gente te añade a tu vida.
Libérate......
De los problemas que envenenan el alma.
De las desilusiones, amantes de tardes y de sueños inconclusos.
De las palabras envenenadas, bálsamo de tristezas.
Libérate…
De las personas, que provocan inestabilidad.
De las cosas que provocan daño.
De las mentiras, enemigas de la paz.
Libérate....
Abre tus alas y vuela, se libre y no te encadenes a un pasado, que daña, a un
ayer doloroso, abre tus alas y busca tu propio cielo.
No es fácil, conlleva tiempo, carácter y espíritu.
Libérate...
No para los demás, sino que para ti.

Brillo

Brillo aún en la lejanía de tu corazón.
Sonrió aun cuando todo se encarga de desvanecer lo que mi mundo
tenía de pie.
Hablo aun cuando tú no quieras escuchar mi voz.
Vivo aun cuando de sobrevivir se habla.
Disfruto aun cuando sé que mi vida no es perfecta.
Brillo aun cuando tu voz
no se escucha en mi oídos.
Brillo aun cuando tu luz
intenta opacarme.
Brillo aun cuando mi mundo,
no es perfecto. Pero me enseña
que lo imperfecto es lo más
perfecto que existe.

Testigos

Las noches son testigos de la soledad
de nuestros corazones y la falta de abrigo,
en cada atardecer.
El abrazo olvidado,
el no correspondido, el que jamás llegó.

Soñar

Sueño con los ojos abiertos,
con la esperanza viva de verte
entre mis brazos cada noche.
Vivo con la intuición de verte.

Eres de quien

Eres de quien te hizo reír después del llanto desesperado.
Eres de quien te hizo sonreír después de la peor tormenta.
Eres de quien te hizo cantar después del bochorno.
Eres de quien te llamó preocupado para saber de ti.
Eres de quien te abraza, bajo la tormenta y te abriga.
Eres de aquel Ángel, que te ama a pesar de tus diez mil errores.

Avecita

Canto del gorrión.
Ave del zorzal.
Aventurero de la vida.
Eres melodía nocturna,
sueño del alba, carpintero
del sendero, libreto escrito.
Narración predilecta, azucena
del jardín, dulces margaritas,
adornan tu vista, lejana agonía de verte partir.
Avecita de un solo lugar, ligerita, de solitario rincón.
Es hoy tu día predilecto,
aun cuando te marchas de casa.

Marcas

Solo vi marcas, al interior de la vida,
sin imaginar cuantos versos
nacen en cada callejón sin salida.
En la oscuridad de la noche,
bajo un solitario farol,
la carta de amor, escrita con la tinta del corazón.
Amigable señor de las eternas caricias, la música de fondo,
la paz del momento.
Respira y vuelve a escribir,
el romántico espíritu nocturno.

Soy

Soy lo profundo de mí misma,
el abismo oculto de mi propio yo.
Soy alma bordada con los hilos de la vida,
en los caminos transitados, he ido recogiendo,
lo valioso y tan olvidado que la gente deja volar.
Desechando lo mágico, sepultando lo bueno,
desenterrando lo irracional.
El mundo al revés, la añoranza extraña del siglo.
La palabra sin sentido.
Honor universal, que solo daña.
Triste lugar para vivir siendo niños,
ingenuidad tanto que extrañamos, atentamente la adultez.
Soñadora, libre y amante de la luz interna de nuestra alma
gigante en un cuerpo pequeño.
Observo el mundo exterior y solo debo decirte te extraño, pequeña mía.
Que supiste anidar lo mejor de mí,
criatura que aprendiste a ser fuerte, preciosa de mi corazón.
Lucero que siempre brilla, aún cuando
los años pasan encima y atropellan.
Las lágrimas de melancolía, el crecer de la vida y el explorar
nuevos rumbos, dan ganas de desaparecer un minuto
nada más.

Tu amor

El dueño de mi máxima paciencia,
cultive la esperanza por tantos años.
Imaginando lo que siempre pensé.
Sintiendo todo y nada a la vez.
La silueta que vive a la distancia próxima de mi destino.
Con o sin coincidencias, sigues brillando
en la simpleza de la vida.
En el camino de tantos tropiezos
alguno se avecina y volveremos
por el saludo pendiente.
La brisa ligera y la última señal del tiempo.
Recordándote junto a mi almohada, vuelvo a leer
la última carta, tu beso en mi mejilla y tu confusión
existente, vivirá en aquella que más historia
ya no tiene.

Se idealiza

A la distancia se idealiza,
se extraña y se ama.
Juego de verano, tan real
como verdadero, brillando a lo lejos,
mejor así, cada cual con su propia luz
haciendo camino.
Recordando el paso del tiempo,
me detengo de vez en cuando, sonrío.
Escucho la radio, frente al fuego que aún quema los recuerdos
que luchan por no irse.
Batallando contra la corriente,
inspiración de cada tarde
en donde las preguntas nacen
con frecuencia, en la duda de un
nuevo comienzo.

Que tenías tú

¿Que tenías tú para marcar la duda y la ilusión?
Soñador del viento,
amante de raíz, sin fin de colores.
Aguaceros de interminables luceros.
Noche hilarante, verdugo de las mil conjeturas.
Que hacen camino entre tu sendero y el mío.

Amándote

Respiras el amor y cosechas la razón.
Amante del buen momento.
Libertad, es tu nombre.
Amor de mi corazón,
que lejos vives acompáñame
en mi soledad.
Amor de otra década, sueña en aquel lugar,
que juntos vamos a estar.
Amándote en silencio, por un siglo más.
no me dejes de llamar.

Una noche para pensar

Cada noche antes del alba,
una sonrisa se posa, al recordarte.
Pensando en que aventuras, has empezado
a escribir, el hombre de los
infinitos sentimientos que hacen
florecer los rincones del alma.
En suspiros nacen, las historias
olvidadas y entre memorias
una carta del final.

Recuerdo del corazón

Loco aventurero,
capaz de todo,
el caos del universo,
lleva tu nombre en mi corazón.
Un recuerdo infinito,
la duda en la piel y el tiempo
como aliado al recordarte.

Versos

Libertad que conserva el alma joven,
nos libera de tantas cadenas
que solo saben atar.
Soledad, amiga de ciertas estaciones,
maestra del tiempo sagrado.
Soñar con los ojos abiertos, el premio hecho realidad.

Siembras de amor

El hombre siembra lo que sus pasos cosechan con amor.
Con el corazón aman su tierra y su vida.
Con el espíritu de buen servir.
Las manos saben de lluvia y sol rodeando el respirar.
Las mañanas son las aliadas de la sonrisa
y el atardecer dueño de la satisfacción
de misión cumplida las encargadas del buen dormir.
Los sueños se van cumpliendo a medida del ciclo
va avanzando el aprendizaje y la constancia.
La admiración y el respeto la clave del éxito.
Serenidad al alero de la naturaleza,
Madre del existir y propia de la vida misma.

Ilusiones de verte

Fue la ilusión de verte un día crecer.
Entre mis manos una carta
y en mis labios tus besos de carmín.

Eres

Eres tu propia sonrisa,
la dueña de tus sueños.
La creadora de tu propio cuento.

Al cielo

En el cielo viven uno seres,
que llevan mi sangre,
parte de mi historia y del legado
que hoy vive aquí.
Tienen nombres,
pero los recordamos por su esencia,
por sus huellas y el tiempo.
No nos olvidamos de sus cumpleaños
y disfrutamos al mirar
sus fotografías la belleza y su temple.

Los años

Son los años los maestros
perfectos del tiempo,
son la luz del aprendizaje
y la dicha de disfrutar
del amor y la vida.

A María

La luz de María, la mujer
empoderada de los sueños cumplir.
Gentileza de hogar.
Vas bordando el cariño, de tu gente querida.
Tú secreto, en aquel baúl, guardado está, entre las iniciales
y el beso la marca que fue dueña en aquellas fechas
del pasado que tantos recuerdos le traen a la mente.
El perfume de su amor, la juventud entre fotografías, las cartas
de antaño y la mirada reflejada en el espejo de la vida.
Soñadora de un solo destino.
Escribiendo la última carta despidiéndote de quien fuese
el destinatario de tus besos,
mezquinos de un otoño, sin pensar que la travesía del océano
enviaría aquella respuesta envuelta en una botella, una carta con
correspondencia a María.
Desde el otro continente, fue trazando la vieja historia
de un amor oculto, entre papeles y plumas de tinta azul.
Que cada año, eran dueñas de sus palabras, que el corazón
sabía atesorar, hasta el fin del mundo.
Soñando, recuerdo de alta mar, viajero de un barco
que sabía de conquistas, en tierras lejanas a la natal
ciudad que un día lo vio crecer.
La señal llegó a rondar
la espera de décadas en el mismo
lugar que ella decidió escribir, sus nombres para atesorar
aquella mágica historia, digna de recuerdos.

Ya no se puede

No puedo negar
lo que siento por ti.
Las palabras ya no existen,
el sentimiento vive como fuego en el alma.
Lo siento, perdóname, pero debo irme, mi camino
tiene otro destino.
Tus besos están guardados para otro ser.
Echo de menos tus caricias, extraño el tiempo aquel.
Pero ya nada puede volver, el tiempo vuela
y tu silueta ya brilla en otro sitio.
Te extraño, te amo, te amaré siempre.

Solo espero

Esperando amanecer entre tus brazos
solo espero poder encontrar la dicha de vivir
pensando en nada.
Solo espero crecer para vivir en soledad.
Creo encontrar la fórmula perfecta para ser feliz.
Lejos de tus caricias,
amanecer cantando la dicha de vivir pensando en nadie.
Soñando en libertad, amando en silencio.

Quizás

Quizás que horizontes mirarán tus ojos,
quizás el viento pasa, el tiempo vuela.
Hoy puedo recordar tu nombre como la melodía
más bonita que pisa el existir.
Hoy quisiera abrazarte, decirte cuanto te amo,
y no soltarte jamás.
Tus besos son el farol que iluminan
mi existir.
Son la llama que enciende la pasión
que un día debe acabar.

Veranito

Fragancia veraniega,
entre las postales y tu cariño.
Busco en mi antiguo baúl, unas cartas a color.
Leo bajo la melodía de tu dulce voz,
grabada en mis oídos, tus canciones favoritas, nuestras risas
y como sello de postal tus besos reflejo del mar,
donde solíamos estar cada atardecer de Febrero.
Tú cantabas sin el coro y yo sonreía mientras las olas nacían
para crear una nueva versión.
Tus brazos anidaban lo mejor de mí.
Eras luz de mañana.
Alma jovial, soñador irrefutable de las mil miradas.

Mirada en la ventana

Ayer cuando solías mirar por la ventana,
un rayo de luz, sembraba el jardín, el sueño aquel
bajo una carta, escrita en el papel directo al corazón.
Fuiste puñal duradero de un período de aquellos, que hacen renacer en el brillo del alba.
En la duda de la incertidumbre, leí tu nombre
tu perfume y tu adiós.
Recordando lo que el tiempo hizo volar, soñando en tus brazos
me duermo, despertando a la realidad del tiempo actual.

Echando de menos

Echando de menos, las palabras dulces del segundo pasado.
La mirada puesta en las metas y la esencia que solo atesoran los ojos propios del alma.
No es el cierre de nada, tan solo la continuación
a la vida libre del libro, que aún tiene rimas para ser escritas.
Corazón que no sabe odiar,
es la herramienta para vivir en paz y agradecida.
Son los sentimientos los que se apoderan de todo,
una mezcla de colores y sentidos
que hacen contemplar la belleza existente.
Hay algo de ti que siempre vivirá en mí.

Bonito fue

Corto fue.
Bonito verte para pensar.
Sanando con el tiempo, volveré a ver el aprendizaje
y abrazaré con el corazón el tiempo mágico.
No aprendí jamás a olvidar y tampoco lo aprenderé,
porque no puedo sacar de mi vida, los sentimientos que hacen crecer.
Valoro cada actitud, las palabras grabadas en mi piel,
la sonrisa que tanto iluminaba quedará como muestra de luz que siempre brilla.
Esencia de vida, entre naturaleza y libertad,
soñador de los mismos horizontes, feliz de verte ahí.

Diferencias en la similitud

La similitud hace las grandes diferencias,
las posiciona en dimensiones abstractas,
en tiempos opuestos de aprendizaje y amor.
Recorriendo sentimientos,
vuelvo al inicio
de lo parecido sin ser para nada igual,
pero sintiendo de mejor manera, la vida.
Sus tonalidades tratando de comprender,
abriendo las alas y seguir viviendo.
Encerrada con el tiempo en la mano,
veo pasar las manecillas del reloj,
a velocidad de nunca parar.
La melancolía se sabe posar por estaciones
y la fragancia de recordar siempre viva,
en el corazón que tanto sabe guardar.

Volver al refugio

Volvería al capullo al refugio amado
y tan respetado siendo pequeña.
Escucho la lluvia chocando por todas partes,
el alma se limpia, los ojos conducen lágrimas,
se respira con tranquilidad lo que los años atesoran en el corazón.
Tesoro valioso de cada estación,
tan único, tan solitario a veces.
Aprendo a extrañar, cada caricia lejana,
los oídos acostumbrados a ciertas palabras,
han quedado sordos a la espera de volver
a escuchar aquel canto que tanto le alegraban.
Siendo joven, tengo las emociones a flor de piel,
la duda tatuada, el miedo también se hace presente.
La angustia de ver y sentir,
de ver volar las hojas de un calendario haciendo historia.

Volveré

Te estoy esperando,
a la vuelta de la esquina.
A la distancia soñada, con los besos en llamas,
convertidas en canción.
Voy caminando con la añoranza de volver al lugar de los sueños,
capaces de olvidar lo que un día nació por el olvido de los años,
voy cantándole a la vida.
A los sueños que un día nacieron entre las alas
del viento vi navegar océanos de versos soñados.
A la tierra vida, volveré cuando menos lo espere.

Infancia

Le di vida a lo imaginario.
Soñé con el tiempo, las amistades soñadas.
Las historias inventadas, la imaginación,
creación natural de la infancia.
Creaba canciones para recordar a través de los años,
escribía versos para nunca olvidar la esencia
de la mente volando en otras dimensiones,
sin dejar la firmeza en la tierra misma.
Yo amaba ese mundo tan irreal
que se convertía en la realidad de mis sueños.
Me hacía navegar las profundidades
de la capacidad de pensar más allá de la existencia propia,
libre y amada de la vida misma.

Nos llevan

¿Hacia dónde nos llevan los prejuicios?
Al precipicio del sentimiento más profundo de empatía y bien común.
Cortemos esas cadenas que tanto daño hacen, pensemos con el corazón.
Miremos el alma y no el estereotipo
que solo causa dolor y rechazo.
Abracemos con el valor de la verdad, respiremos la paz que tanto falta nos
hace, vivamos el hoy, como si no existiera un mañana.
Vivamos con amor y respeto.

Soy yo aquella persona

Soy el punto de partida de esta paradójica historia,
una y otra vez, el papel amuñado del reciente
escrito con la falta de ortografía, el borrón y cuenta nueva.
La fantasía del lector, el viento que arrastra la ventana.
El pañuelo sin inicial,
el desamor de aquella carta que trajo consigo la paloma del frente.
Mañanera de un solo despertar,
ojitos de avellana, camina lejos de mí,
que saltar al vacío ya fue el aterrizaje forzoso.
Doloroso, sin anestesia sentí el vacío de aquella huella que un día de la bella
ilusión, aún seguía viva la llama de la esperanza.

Me despedí

Yo le dije adiós.
Con el alma bordada.
Con el pañuelo de seda, a la vista del horizonte.
Al aguacero de lluvias que un día se avecinaba a la tempestad del tiempo.
Corría en vista de las horas,
transcurrían en un abrir y cerrar de ojos,
los colores se divisaban a la distancia de mi corazón,
muy lejanos a lo cotidiano del vivir.
Sin tantos años, la experiencia se iba puliendo con las huellas del transitar.

El espejo

En el espejo dos siluetas se asoman.
Una es débil otra es un tanto fuerte.
Se diferencia en la edad, el tiempo transcurrido.
Se miran y en silencio contemplan todo.
Son magia que pueden visualizar a través de los años,
la falta de huellas que aún estaban ausentes y hoy tanto se comprende.
Una mano fuerte toma la pequeña y le dije susurrando gracias por lo que me enseñaste a construir que sin ti nada podría ser igual.
Tu lugar tiene nombre y distancia, pasado amado que tanto entregaste a mi edificación solo puedo detenerme a mirar nuestras fotografías.
Te digo que debo avanzar y vivir mi presente con las herramientas de ti, pero alguien me espera ansioso para seguir escribiendo la historia propia.

Dile

Dile que le pasa a mi alma, que ya no te puedo olvidar.
Era el refugio del trago amargo que
un día me regalaste con tanto dolor.
Rosa con espinas que tantas historias sabe guardar en la sangre de la vida misma.
Respira tranquilo, que ya se vivir sin ti.
Solo eras el caminante de aquella estación, corta, errante quizás,
pero lejos de ti una historia nueva podré comenzar.
Cuando no lo sé,
pero mi alma merece conocerte.

Pasado, presente, futuro

A veces me gustaría volver a ser pequeña.
Otras ser mayor y buscar otros cielos para descubrir.
En otros pensamientos,
la mente vuela para nunca retroceder.

Susurra

El silencio me susurra al oído, los secretos de la luna,
mirando las olas del mar.
Serena vida, del recuerdo de juventud,
queriendo abrir alas,
volando cielos nuevos.
La vida coloreando los infinitos tonos del caminar.
Tu silencio va siguiendo tus pasos de amor.
Aquí solo una vez.
Parar a contemplar la belleza.
Símbolo del sendero amigo de un solo despertar.

Poemas en Pandemia

Sereno, es respirar la calma del corazón.
Esperanza de vivir en nuestra pandemia del cambio existente.
No hay rastro alguno de lo que un día en silencio se gritaba.
La calma se ha ido pero debería volver para encontrar
las respuestas a lo que vivimos.
Ayer, una rutina, un colapso de aquellos, hacían de nuestros días,
la furia del estrés contaminando todo lo que sentíamos ahogaba nuestra
respiración.
Hoy, solo un segundo basta
para contemplar lo loco que era, pero la tranquilidad reinaba un poco más.
Éramos los locos de aquella ruta de tacos y sonidos de bocina,
atrasados por llegar, pero sin sonrisa,
no nos dábamos cuenta de lo libres que éramos.
Hoy, tan solo hoy, nos embarcamos en esa estación,
llamada recuerdos, tiene varios boletos,
pero ya no suficientes para llenar el vagón de esta pandemia.

Estaciones en la poesía

Veranito del norte, abrázame en tu calidez del alma.
Invierno del sur, cobíjame en tus abrigos del corazón.
Respiremos los rayos de primavera y veamos caer las hojas de otoño.

Mi niño querido

Cuantas palabras que nacen de tu alma, se anidaron en mi mente para atesorar
el regalo de conocerte.
Eres magia, que siempre brilla, en los rincones, una huella con tu nombre.
Un verso y una canción, la expresión de cariño y gratitud.
Hombre que lleva en sus manos el amor del esfuerzo convertido en trabajo,
luchador que siempre sabe ganar, de las derrotas un nuevo aprendizaje.
Con pasión, convierte los días de lluvia, en la siembra perfecta de rayos de sol,
siembras de amor y libertad.
Campos de vida, años de entrega en el silencio de la Tierra, naturaleza viva
que conoce tantos de tus secretos como tú a ella, sus lugares, su encanto y su
melodía.
Eres creación, que nació con una misión, pasajero de un solo boleto, llevas
consigo los valores de tus padres, el cariño de la gente y la claridad de un
pensamiento noble.
Tu lugar, tu sello y tu esencia,
son el reflejo de tu corazón.
Tu sonrisa al despertar, tu razón de ser.
Caminante que disfruta,
viajas en recuerdos al ayer.
Te ves, siendo pequeño....
Hoy, disfrutas una parte de aquel
y creces con el tiempo, el baúl de los recuerdos.
Llegando al presente, se ve la silueta de un hombre, lleva con él las
cualidades más bellas y va dejando la huella de admiración,
como muestra de sabiduría,
el regalo que otros ojos merecen reconocer.

Agradecimientos

Gracias….

A la vida, por su inmensa sabiduría, regalo que permite redactar versos.
Al mundo por ser fuente principal de inspiración y fragmento para motivar la poesía.
A la familia, entorno de amor y paz. Maestros que enseñan a construir nuestras vidas, nuestros padres.
A nuestros compañeros, caminantes de un único sendero.
A nuestros antepasados, por sus legados y sus historias.
A las personas, que valoran los versos.
Al cielo, donde viven parte de nuestras raíces.

Printed by Books on Demand GmbH, Norderstedt / Germany